친절하게 도와주고 조언해 준
탐, 새러, 나이젤, 사브리나, 킴에게

지은이 **배빗 콜(Babette Cole)**은 영국에서 태어났다.
현재 가장 주목받는 그림책 작가 중 하나로 자신의 독자적인 스타일을 구축하고 있다.
타고난 이야기꾼의 자질을 지니고 있으며,
켄트 주에 있는 500년 된 농장에서 닭과 양, 말, 개, 고양이 들과 함께 산다.
《엄마가 알을 낳았대!》는 생명이 어떻게 생기는가를 코믹하면서도
사실적으로 보여 주는 혁신적인 그림책으로, 세계적인 반향을 일으켰다.
그 밖에 《따로따로 행복하게》, 《멍멍 의사 선생님》 등 여러 책이 있다.

옮긴이 **고정아**는 연세대학교 영어영문학과를 졸업했고
지금은 어린이 책을 우리말로 옮기고 쓰는 일을 한다.
옮긴 책으로 《세잔》, 《모네》, 《피카소》, 《연기 자욱한 밤》, 《물 이야기》 들이 있다.

세계 걸작 그림책 지크 02
엄마가 알을 낳았대!

배빗 콜 글·그림 / **고정아** 옮김

초판 1쇄 발행 1996년 6월 30일
초판 40쇄 발행 2010년 11월 30일
펴낸이 권종택 · **펴낸곳** (주)보림출판사 · **출판등록** 제406-2003-049호
주소 413-756 경기도 파주시 교하읍 문발리 출판문화정보산업단지 515-2
전화 031-955-3456 · **전송** 031-955-3500
홈페이지 www.borimpress.com
ISBN 978-89-433-0219-1 77840
978-89-433-0217-7(세트)

엄마가 알을 낳았대!

Mummy Laid an Egg!

배빗 콜 글·그림 / 고정아 옮김

보림

"자, 얘들아.
이제 너희들도 알아야 할 때가 되었어.

아기가 어떻게 생기는지 말이야."

"좋아요."

"여자 아기는 설탕에, 양념에, 온갖 향기로운 것들을 넣어서 만든단다."

"남자 아기는 달팽이와 강아지 꼬리를 섞어서 만들지."

"공룡이 아기를 가져다 줄 때도 있단다."

"붕어빵을 굽듯이 아기를
구워 낼 수도 있어."

"돌 밑에서 아기가 나올 때도 있단다."

"화분에 씨앗을 심고 물을 주면, 아기가 쑥쑥 자라기도 하지."

"아니면, 튜브에서 아기를 짜낼 수도 있어."

"엄마가 소파 위에 알을 낳았는데 말이야. 그 알이…

… 터지더니,

너희들이 튀어 나왔지."

"히히히 하하하 호호호!
엄마 아빠, 엉터리!"
"그래도 씨앗하고 튜브하고 알 이야기는 대충 맞았어요."

"엄마랑 아빠는, 아기가 어떻게 생기는지 모르는 것 같아요.
그러니까 우리가 그림으로 가르쳐 드릴게요."

"엄마는 몸 속에 알이 있어요. 요기, 뱃속에요."

"아빠는 몸 바깥쪽에 씨앗이 가득 든 주머니가 있고요."

여기가

"아빠한테는 씨앗을 뿌릴 튜브도 있어요.
그러니까, 아빠의 씨앗이 이 튜브를 통해서
바깥으로 나오는 거예요."

여기로

"저 튜브는 엄마한테 있는
조그만 구멍으로 들어가요.
그러면 씨앗들이 꼬리를 흔들며
엄마 뱃속으로 들어가지요."

"엄마랑 아빠는 이렇게

서로 힘을 합치는 거예요."

"엄마 뱃속에 들어간 씨앗들은 달리기 시합을 해요."

"일등 한 씨앗이 알을 차지해요.
그리고 나서 아주아주 조그만
아기가 되는 거예요."

"아기는 날이 갈수록 더 커지고

엄마는 날이 갈수록 더 뚱뚱해지고

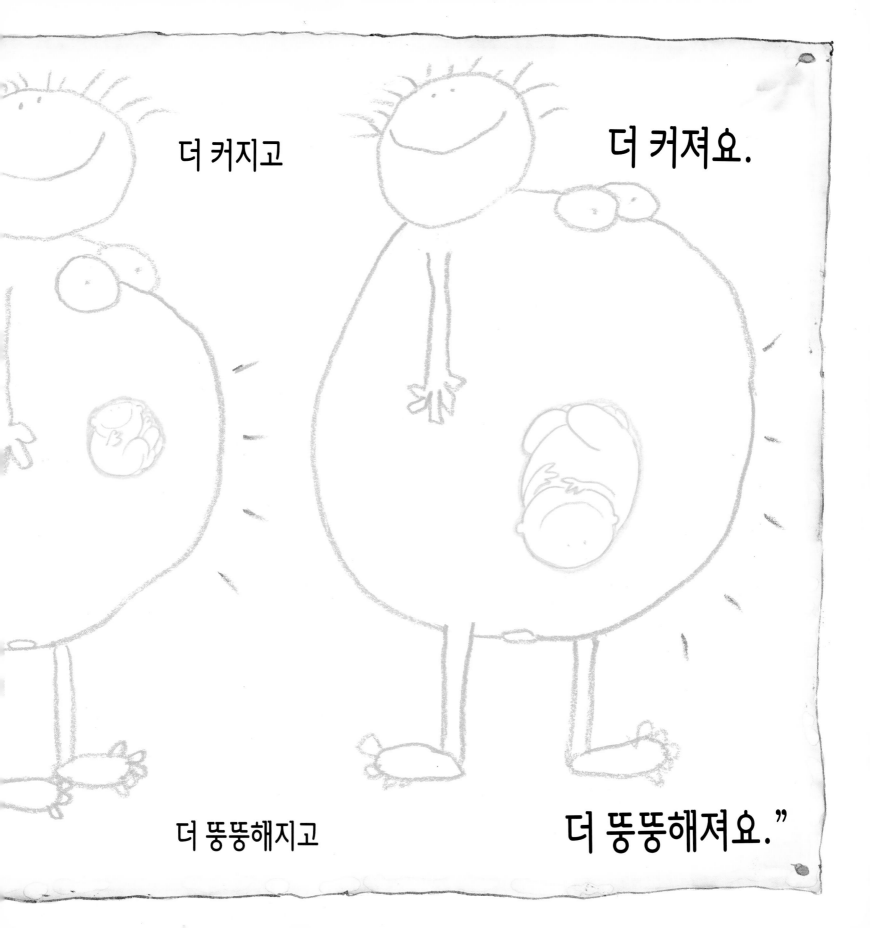

더 커지고　　　　　　더 커져요.

더 뚱뚱해지고　　　　더 뚱뚱해져요."

"그러다 때가 되면,

'응애' 하고 아기가 나오는 거예요."

"이제 아시겠어요, 엄마, 아빠?"

"보세요, 모두모두 다 그런 걸요!"

우리 아이가 '아기는 어디서 나와?' 라고 묻는다면…

이기숙 (이화여대 유아교육과 교수,
이화여대 부속유치원 원장)

자녀를 키우면서 우리는 대답하기 어려운 질문을 많이 받습니다. 특히, 아이가 "엄마, 아기는 어디서 나와?" 하고 물으면, 우리 부모들은 무척 당황합니다. 이 때, 대부분의 부모들은 "애가 별 걸 다 물어", "나중에 크면 알게 된단다", "다리 밑에서 주워 왔지", "배꼽으로 나온단다" 따위의 대답으로 얼버무리곤 합니다. 그러면 아이는 "배꼽은 이렇게 작은데 어떻게 나와?" 하고 반문하고, 대답이 궁한 부모는 "글쎄, 그렇다면 그런 줄 알아"하고 공연히 화를 내기도 합니다.

이처럼 '아기의 출생'은 부모들이 대답하기 매우 어려운 질문입니다. 그러나 아이가 출생에 관하여 질문을 할 때가 바로 성(性)에 관해 가르쳐 주기에 가장 알맞은 때라는 점을 유념해 주십시오.

유아기의 성적 질문에 대한 답변은 아이가 이해할 수 있는 범위 안에서, 알기 쉬우면서 동시에 진실해야 합니다. 하지만 솔직하게 답한다고 해서 생물학적 지식을 동원하여 자세하게 설명해 줄 필요는 없습니다. 괜히 얼굴을 붉히거나 당황하는 기색을 보여서도 안됩니다. 그러면 아이는 자기가 뭔가 잘못했다고 느낄 수도 있고, 아이의 호기심을 자극하는 역효과를 가져올 수도 있습니다. 따라서 유아기의 성교육은 아이에게 성에 관한 올바른 태도를 심어 주어야 하며, 성교육을 독립적으로 다루기보다는 다른 생활과 관련지어 일상 생활 속에서 자연스럽게 다루어야 합니다.

미국의 심리학자인 번슈타인은 만 세 살부터 열두 살 난 아이들의 출생에 대한 질문을 연구한 결과, 아이들의 질문은 어른들의 생각과는 달리 심각한 것이 아니라는 점을 밝혀 냈습니다. 출생에 관한 아이들의 질문은 '기린은 왜 목이 길까?', '어른들은 왜 키가 크지?'와 같은 수많은 질문 중의 하나에 지나지 않는다는 것이지요.

만일 네 살 정도 된 아이가 "엄마, 아기는 어디서 나와?" 하고 물으면, "엄마 뱃속에는 아기가 자라는 집이 있는데, 거기서 열 달쯤 있다가 나온단다" 하는 정도로 대답하면 충분합니다. 서너 살 정도의 아이들은 일반적으로 그 이상의 질문을 하지 않습니다. 따라서 임신 과정이나 자궁에 대해 구체적으로 설명할 필요는 없습니다.

일곱 살쯤 되면, 엄마가 아기를 낳으려면 아빠가 있어야 한다는 것을 알게 됩니다. 하지만 생물학적으로 자세한 설명을 요구하는 것은 아닙니다. 물론, 아이들은 '엄마와 아빠가 어떻게 아기를 만드나?' 하는 점에 대해서도 질문할 것입니다.

이러한 질문에 대해서도 절대로 당황하지 마십시오. 아이에게 설명해 주기 전에, 질문의 의도를 정확하게 파악하고 먼저 아이들의 창의적인 생각을 들어보는 것이 좋습니다. 이럴 때는 간단한 그림이나 인형을 가지고 설명해 주는 것도 좋은 방법입니다.

배빗 콜(Babette Cole)의 이 책 『엄마가 알을 낳았대!』는 아이들에게 성에 관한 지식을 재미있으면서 자연스럽게 제시합니다. 무엇을 감추거나 꾸미지 않고 '그대로' 보여주면서, 아이들의 눈 높이에 맞추어, 아이들이 이해할 수 있는 수준으로 그려냈다는 점이 이 책의 뛰어난 점이자 매력입니다. 이 책을 보는 아이들은 아기가 어떻게 생겨서 태어나는지를 쉽게 이해하고 그것을 자연스러운 삶의 일부로 받아들일 수 있을 것입니다.